DAS PRINZIP SATAN

Eine praktische Lebensphilosophie

J. C. Busch

Bibliografische Information der Deutschen Nationalbibliothek
Die Deutsche Nationalbibliothek verzeichnet diese Publikation in der Deutschen Nationalbibliografie; detaillierte bibliografische Daten sind im Internet über dnb.dnb.de abrufbar.

© J. C. Busch, 2023

Umschlaggestaltung, Satz und Layout: J. C. Busch

Herstellung und Verlag
BoD – Books on Demand, Norderstedt

ISBN: 978-3-7578-0215-8

Die folgenden Gedanken und Reflexionen habe ich für mich geschrieben. Es ist meine satanische Praxis, mein satanisches Weltbild, meine satanische Ethik. Kein Grund also, an die Öffentlichkeit zu gehen. Dennoch existiert dieses Buch. Ich habe mich dazu entschieden, weil ich selbst Jahre auf der Suche war – auf der Suche nach Inspiration, Leitung und der Gewissheit nach dem So-Sein – und ich will nun mit meinen Worten ein Leuchtturm sein für all jene, die noch auf dem schwarzen Meer des Lebens vergeblich nach Orientierung suchen. Schwestern und Brüder kommt; jede und jeder auf seinem Weg.

Natürlich, Satan ist allgegenwärtig. Es gibt Berge von Büchern. Doch keines kommt auf den Punkt. In keinem steht, wie der satanische Alltag funktioniert. Es ist alles nur vage, obskur oder so theatralisch, dass ich damit nichts anfangen kann.

Ich glaube nicht an das Böse, an Selbstherrlichkeit und Egoismus. Satan ist gut. Satan steht für ein zufriedenes und glückliches Leben. Doch oft genug sind gerade die lautesten Satanisten in der Öffentlichkeit, die kleinen Geister, die sich hinter dem Bösen verstecken, weil sie etwas zu kompensieren haben, weil sie sich nicht recht verstanden oder beachtet fühlen. – Freunde, da wird euch Satan auch nicht helfen können. Das könnt ihr nur allein. Traut also diesen Irrlichtern nicht.

Satan ist nämlich nicht überall. Sondern nur an einem Ort – in euch. Also geht auf Entdeckungsreise, taucht tief hinab und sucht das ewige Licht des Satanischen in euch selbst. Nur dort brennt die infernalische Flamme so lange ihr lebt. Sie brennt durch die Kraft des Augenblicks. Erkennt ihr das, dann könnt ihr euch an diesem Feuer wärmen und seid glücklich euer Leben lang.

Vergesst meinen Namen und traut nur euch selbst.

INS

J. C. Busch

Inhalt

Das Prinzip Satan

Ist Satanismus tatsächlich eine Religion? – Für mich jedenfalls nicht. Es ist eine Lebenseinstellung, die auf Überzeugungen und Prinzipien basiert; also mehr eine Philosophie als eine Religion. Der entscheidende Unterschied zwischen Philosophie und Religion ist die Perspektive der Argumentation. Die Philosophie untersucht die gegebenen Dinge und Möglichkeiten und fragt nach deren Ursächlichkeit und Gewissheit. Gegenstände existieren. Was kann ich über diese Gegenstände mit Gewissheit aussagen? – Nach Immanuel Kant etwa nur, dass sie als Ding in Raum und Zeit existieren. Religion hingegen untersucht die nicht-existierenden Dinge und Möglichkeiten und fragt nach deren Ursächlichkeit und Gewissheit. Da hierüber jedoch keine belastbaren Aussagen getroffen werden können – Welche Ursache soll etwas Nicht-Existierendes haben? – kann nur mit Negationen argumentiert werden: Man kann nicht sagen, dass es keinen Gott geben könnte.

‚Könnte' – ja, Konjunktiv. Doch wer lässt sich von einem hypothetischen Konjunktiv das Leben bestimmen? Doch nur, wer glaubt. Glauben ist Scheingewissheit für all jene, die ihren

Verstand nicht benutzen wollen. Satanismus ist Verstandestätigkeit. Verstehen wir uns hier aber nicht falsch. Wer den Teufel als eine dämonische Macht, als bösen Gegenspieler Gottes anbetet, glaubt genauso wie jeder Jünger einer anderen Religion. Satanismus jedoch braucht keinen Glauben an etwas Nicht-Existierendes. Satanismus ist Lebensphilosophie aus Überzeugung. Satan ist in mir, in jedem von euch. Und da wir alle samt existieren, gibt es keinen Gott außer uns selbst. Kein Grund also, etwas zu glauben.

Warum muss es dann ausgerechnet Satanismus heißen; also das Anrüchige des Glaubens in sich tragen? Weil die Grundsätze dieser Lebenseinstellung durch den modernen Satanismus formuliert wurden. Auch dieser hat den Namen Satans nur als ein Symbol des Dagegen oder des Nonkonformistischen benutzt. Gerade in den bigotten Vereinigten Staaten ist dies eine bewusste Provokation gewesen – und kein Glaube an einen dämonischen Teufel. Doch der moderne Satanismus wollte Anhänger, wollte Viele unter einer Idee vereinen. Das funktioniert nur, wenn man auch die obskuren Gestalten am Rand einfängt und ihnen zumindest vorgaukelt, auch mit Magie zu arbeiten. Das ist jedoch nur oberflächlicher Tand. Hokuspokus, Augenwischerei. Dennoch hatte dies zur Folge, dass das starke Prinzip

Satan zunehmend verschwamm und seitdem keine Ausstrahlung mehr besitzt. Zumindest nicht für mich. Wer mit beiden Beinen im Leben steht, braucht keinen Altar mit schwarzen Kerzen. Die satanische Flamme ist ohnehin immateriell. Es braucht Haltung und Überzeugung. Grundsätze und Prinzipien. Ich nenne es das Prinzip Satan, weil der Kern immer noch satanisch ist. Doch ich werte diesen Kern ethisch, nicht magisch. Es ist ein Lebensstil und keine Zurschaustellung von obskuren Symbolen und kryptischen Formeln. Wir Satanisten des 21. Jahrhunderts leben mitten im Strom der Gesellschaft und sind doch anders als die meisten. Wir unterscheiden uns durch unsere Haltung, unsere Verlässlichkeit, unsere Stärke und unsere Zielstrebigkeit. Da, wo wir sind, erstrahlt ein Licht, das auch unser Umfeld erhellt. Und das Prinzip Satan führt uns in dieser verantwortungsvollen Position.

Egal in welche Situation uns das Schicksal in die Welt gesetzt hat – arm, reich, intelligent, praktisch, geliebt oder gehasst – immer haben wir die Wahl, unseren Lebensweg würdevoll zu durchschreiten. Würde ist ein fundamentaler innerer Wert. Kein Einfluss von außen kann sie uns nehmen. Würde erwächst aus der inneren satanischen Flamme, die in jedem von uns lodert. Und es ist unsere Aufgabe, sie zu einem mächtigen

Feuer zu entfachen. Dafür brauchen wir zwei Prinzipien – die Kraft der Erkenntnis und konsequenten Umgang.

Am Anfang steht die Gewissheit, dass alle Stärke, alle Zielstrebigkeit und alle ethische Konsequenz unseres Handelns auf einer inneren Kraft und einer inneren Energie basiert. Kein Gott von oben oder unten, kein Gesetz, keine Vorschrift und keine äußere Verpflichtung kann uns einen ähnlichen Halt geben. Intuitiv wissen wir das. Doch im Sog des Alltags neigen wir nur allzu oft dazu, dieses Wissen zu ignorieren und uns von Äußerlichkeiten leiten zu lassen. Wir können nicht Nein sagen, wir helfen und tolerieren, wo wir es eigentlich nicht sollten, und verkümmern dabei innerlich. Religionen quälen ihre unfreiwilligen Anhänger mit Geboten, Festtagen und Ritualen – und nur für die wenigsten sind diese Liturgien inspirierend und innerlich stärkend. Wertegemeinschaft und Bürgerpflicht sind reine Phrasen, die im Grunde nur genehm sind, wenn andere bei deren Übertretung bestraft werden. Wie wollen wir bei all dem ungewollten, geheuchelten oder gar unwillkürlichen Duckmäusertum zu einer würdevollen Haltung gelangen?

Wir müssen zu der Erkenntnis kommen, dass all unser Handeln, unser Reden und unsere Außenwirkung allein auf unserer inneren Überzeugung basieren muss. Das ist leicht gesagt, wenn man abends im Stillen auf dem Sofa liegt und zum Beispiel dieses Buch liest. Aber wie steht es mit der inneren Überzeugung am nächsten Vormittag zwischen drei Besprechungsterminen und einer langen Liste an Besorgungen, die bis zum Nachmittag erledigt sein müssen?

Aus der klaren Erkenntnis vom Vorabend wird dann schnell ein ‚Ja, man müsste mal – aber gerade. Ja nun, Es geht eben nicht.' Doch! Es geht. Aber es braucht den konsequenten Umgang, es braucht Übung und Achtsamkeit. Wir müssen unseren Geist, unseren Körper und unser Unterbewusstsein trainieren und stark machen, damit wir auch im Alltagsstress empfänglich werden für die Kraft der satanischen Flamme in uns.

Und was ist diese mysteriöse diabolische Flamme? Keine Sorge; ich werde nicht esoterisch. Es ist eine Metapher für eine Energiequelle, aber ganz im Sinne des Feuers, welches vor Urzeiten die Menschen hat erst stark werden lassen – es brachte Wärme, Sicherheit und gute Nahrung. Und so wie Prometheus in den griechischen Sagen das Feuer den Menschen gegeben hat, hat uns Satan die Flamme in unsere Körper gesetzt. Sie gibt uns Wärme, Sicherheit und Energie.

Wenn man sich ganz still und entspannt auf den Rücken legt und die Hände unterhalb des Bauchnabels auflegt, kann man nach einiger Zeit das Feuer spüren – nicht unbedingt direkt unter den Händen (diese Wärme ist leicht erklärbar durch Körperkontakt), sondern oberhalb des Bauchnabels beginnt auf einmal Wärme in den ganzen Körper auszustrahlen. Woher kommt diese wärmende Energie? Asiatische Philosophien (und auch Religionen, die selbst weit mehr Philosophie sind als in unserem Kulturkreis) haben dieser Energiequelle bereits seit Jahrtausenden nachgespürt. Sie bezeichnen es als Chi oder Chakra. Für mich ist es die satanische Flamme; der Beweis dafür, dass das Prinzip Satan existiert.

Doch wie alles Archaische ist auch diese innere Energiequelle tief in uns verborgen und verloren gegangen. Wir müssen erst wieder lernen, uns einen Zugang zu dieser Flamme zu schaffen, um von ihr zehren zu können. Luzifer, der Lichtbringer, weist uns den Weg. Und erst, wenn wir die Tore zum inneren Feuer wieder geöffnet haben, besitzen wir Gewissheit, das Richtige zu tun, und Motivation, das Richtige fortan immer wieder zu tun – für ein zufriedenes, erfülltes und selbstbewusstes Leben nach dem Prinzip Satan.

Vom Umgang mit mir

Alles beginnt mit der Wiederentdeckung der inneren Flamme und dem achtsamen Umgang mit diesem diabolischen Feuer in uns. Das Prinzip Satan beginnt immer mit dem Individuum, mit dem Ich. Erst wenn das Ich klar erkannt und stark ist, kann ich als starkes Individuum nach außen hin auftreten. Die alltägliche Lebenspraxis nach dem Prinzip Satan richtet sich immer an Körper, Geist und Psyche des Ich aus. Frage dich dabei nie, wer Du bist, sondern vielmehr: Wie bin ich? Was ist meine individuelle Eigenart, und was stärkt die Flamme in mir und was schwächt sie?

Eigentlich ein ganz einfacher Grundsatz für eine zielgerichtete und zufriedene Lebensführung. Aber wie oft verlieren wir genau diese Fragen im Alltag aus den Augen? Wir essen, obwohl wir nicht hungrig sind; und essen, was uns nicht gut tut. Wir schlafen zu wenig, wir schlafen zu viel. Wir machen uns Gedanken über Dinge, die wir nicht ändern können und sind gedankenlos, wenn es darauf ankommt. Wir beschäftigen uns mit Dingen und verbrauchen Zeit, obwohl wir gar kein echtes Interesse daran haben. Wir sind nie achtsam im Augenblick. Wir erkennen die Chancen nicht, wenn sie sich vor uns auftun und beschreiten unablässig Irrwege. Wir fällen hunderte Entscheidungen pro Tag und hinterfragen nicht eine. – All das hält die Flamme in uns schwach. Es nimmt uns Energie und Motivation. Und anstatt sich auf sich selbst zu besinnen, versuchen wir nur, das Elend zu betäuben. Doch die satanische Flamme ist in jedem von uns entfacht worden, damit wir daraus unsere Kraft beziehen und all das bewegen, was wir uns vornehmen. Sie ist die Saat eines zufriedenen Lebens. Was gibt es Wichtigeres, als sich täglich und hingebungsvoll um diese lodernde Saat in uns zu kümmern?

Dabei muss man keine aufgezwungenen Rituale zelebrieren oder irgendwie seinen Lebenswandel an äußeren Geboten anpassen. Das alles ist Unfug. Der Umgang mit uns wird einzig aus der Versenkung in sich selbst bestimmt. Wir spüren nach der inneren Flamme und erfahren an uns, was ihr gut tut und was nicht. Das kann auf eine teilweise radikale Änderung des Lebenswandels hinauslaufen. Das muss es aber nicht. Äußerlich betrachtet, ist das Ergebnis bei jedem anders, wenn er im Einklang mit seiner Flamme lebt. Denn ich bin nicht Du, und Du bist nicht ich. Ein Grundsatz des Prinzips Satan. Wie also bin ich?

Für den Körper

Mein Körper ist die organische Maschine, mit welcher ich mit dem Außen interagiere. Mit meinem Körper nehme ich wahr und verrichte all jene Handlungen, die meinem Geist entsprungen sind. Je leistungsfähiger und intakter die Maschine, umso präziser nehme ich wahr und umso mehr Handlungen kann ich verrichten.

Eigentlich ganz einfach. Warum essen wir dann Pommes, trinken Alkohol, liegen träge auf dem Sofa und sitzen verkrümmt vor dem Laptop? In erster Linie, weil wir bei all dem nie auf unseren Körper hören. Im Alltag gehen wir einfach davon aus, dass er funktioniert. Und es gelingt uns, all die kleinen Alarmsignale und Zeichen zu ignorieren. Wie wichtig das Funktionieren der organischen Maschine Menschenkörper ist, merken wir erst, wenn die Ausfälle uns einschränken. Dann hören wir eine Zeit lang auf unseren Körper, bis der Alltag mit all seinen Reizen und Stressoren uns wieder in Anspruch nimmt.

Willst du die Flamme in dir jedoch zum Lodern bringen, musst du dieser Alltagsignoranz entkommen. Nimm dir mehrfach am Tag die Zeit, um in deinen Körper zu horchen. Spüre nach, ob dir etwas weh tut, du verspannt bist, etwas juckt oder zittert, ob du Hunger oder Durst hast oder ob du dich bewegen willst oder eher Ruhe brauchst. Versuche die Signale des Körpers richtig zu lesen und dann darauf adäquat zu reagieren. Adäquat – kein Hypochondertum!

Ich habe zum Beispiel gerade am Schreibtisch gesessen und obigen Absatz am Laptop geschrieben. Dabei habe ich gemerkt, dass meine Schultern verspannt sind und mein Nacken schmerzt. Also habe ich mir eine Erhöhung unter den Laptop gepackt und schreibe nun im Stehen weiter. Ich weiß aus eigener Erfahrung, dass mir diese Körperhaltung auf längere Zeit hin weniger Verspannungen verursacht als das stoische Sitzen vor dem Computer. Ich spüre wie die Verspannungen in den Schultern etwas nachlassen – auch wenn sie nicht ganz verschwinden. Ich werde gleich auch noch eine Schulter- und Nackengymnastik machen, maximal fünf Minuten, dann wird es noch besser werden. Reagiere also sofort, wenn du reagieren kannst und optimiere langfristig, um einen Rückfall in alte Muster zu vermeiden.

Das heißt nicht, dass jeder im Stehen schreiben oder Gymnastik machen sollte. Hast du keine Probleme am Schreibtisch oder sitzt du ohnehin wenig, dann braucht das deine Körpermaschine vermutlich nicht. Da dies aber in erster Linie ein

Erfahrungsbericht meiner Suche nach der Flamme ist, beschreibe ich vorwiegend meine eigenen Methoden. Wie kümmere ich mich also um meinen Körper an einem normalen Tag?

Schlafe dein Pensum. Ich funktioniere am besten mit sieben bis maximal acht Stunden. Wenn ich zur Verspannung im Nackenbereich neige, liege ich zusätzlich schlechter im Bett. Also verzichte ich einige Tage auf das Kopfkissen und liege in Rückenlage. Vor dem Einschlafen und vor dem Aufstehen lege ich mir einen Massageball in den Nacken. Wenige Minuten nach dem Aufstehen dehne ich meinen Körper kurz, einfach um wach und funktionsfähig zu werden. Während der Kaffee durchläuft, trinke ich Wasser. Wenn ich mich hungrig fühle, esse ich etwas. Wenn nicht, dann esse ich nichts. Denn ich merke, dass mein Körper schwächer wird, wenn ich aus „Prinzip" zu bestimmten Zeiten etwas esse. Ich fühle mich voll und träge. Achte auf dein Hungergefühl. Iss nur das, was deinem Körper gut tut. Achte auf allergische Reaktionen, Sodbrennen, Übelkeit, stark riechende Ausscheidungen. Das sind alles Indizien, dass du etwas Falsches gegessen hast. Achte auf die Wertigkeit deines Essens. Weniger ist hier immer mehr. Das Gegenteil gilt für das Trinken. Wenn ich Kopfschmerzen habe, weiß ich, dass ich unregelmäßig oder zu wenig getrunken habe. Also achte ich darauf, um diesen Kopfschmerz zu vermeiden. Trinke oft und viel.

Im Laufe des Berufsalltages gerate ich immer wieder in monotone Körperpositionen. Ich versuche dann, wann immer es geht, mich zu dehnen und die Positionen zu wechseln. Nach dem Büroalltag suche ich die körperliche Belastung. Habe ich Zeit für Sport, gehe ich laufen. Quantität und Qualität müssen hierbei aufeinander abgestimmt sein. Nach dem Laufen darf ich mich nicht so erschlagen fühlen, dass ich danach nichts mehr erledigen kann; ich will mich aber auch nicht unterfordert fühlen. Aktuell laufe ich ein bis anderthalb Stunden in einem lockeren Tempo. Zu anderen Zeit können es aber auch mal drei Stunden werden oder kürzere Strecken mit deutlich höheren Belastungen. Wichtig ist hierbei auch die Erholung. Wenn ich jeden Tag laufe, werde ich krank oder bin zu nichts mehr in der Lage. Also laufe ich zwei bis maximal drei Mal in der Woche. Dann fühle ich mich körperlich am wohlsten und ich spüre regelrecht, wie die Flamme in mir heller lodert.

Laufe ich nicht, arbeite ich an Haus und Garten. Es muss irgendetwas sein, dass mich körperlich fordert. Am Abend lege ich ein längeres Gymnastik- und Dehnprogramm ein; unabhängig davon, ob ich Sport gemacht habe oder nicht. Beweglichkeit und körperliche Entspanntheit bei gleichzeitiger Spürbarkeit eines kraftvollen und energiegeladenen Körpers lässt das Feuer in dir lodern.

Die beschriebenen Grundsätze von Essen und Trinken gelten natürlich ununterbrochen. Ebenso das Schlafen und das In-sich-hineinhorchen. Das macht deine Körpermaschine leistungsfähig im Handeln. Wie steht es jedoch mit dem Wahrnehmen? Hier sind wir mehr oder weniger Opfer unserer Gene. Doch wir leben in einer Zeit, in welcher dies kein Nachteil sein muss. Ich habe festgestellt, dass ich nach längerer Arbeit am Monitor schlechter gucken kann. Also habe ich eine Lesebrille. Im Laufe der letzten Jahre bin ich zudem lichtempfindlicher geworden. Also habe ich, gerade beim Autofahren, immer eine Sonnenbrille dabei.

Pflege deinen Körper wie eine wertvolle Maschine. Putze gründlich und regelmäßig Zähne, geh zum Arzt, wenn du Beschwerden hast, lasse Routineuntersuchungen durchführen, lasse dich impfen, schneide Haare, Bart und Nägel, sei reinlich – aber lass die Körperpflege oder die äußere Erscheinung deines Körpers nicht zum Selbstzweck werden. Ästhetische Körperpflege kostet viel Zeit und dient nicht der Flamme. Der Körper ist das wertvolle Behältnis der satanischen Flamme. Das Edle lodert innen, nicht an der Außenseite. Wenn du dich nur mit Oberflächlichkeiten befasst, droht das Feuer in dir zu erlöschen. Dein Körper ist die Maschine, um die Energie aus deinem Inneren in die Wirklichkeit und in Taten umzusetzen. Lebe nach dem inneren Prinzip, nicht nach äußerem Schein. Auch wenn du mit dem Leben nach dem Prinzip Satan eine ansprechendere äußere wie innere Erscheinung haben wirst, ist dieses nicht der Zweck. Zufriedenheit und Zielgerichtetheit erfüllen sich immer jenseits deines Körpers – durch eine Harmonisierung inneren Wollens und äußeren Wirkens. Der Körper ist hierbei nur das Werkzeug. Damit es seinen Dienst verrichten kann, müssen wir darauf achtgeben. Nicht mehr, nicht weniger. Verderblich ist daher auch alles Asketentum, denn es missachtet stets die Bedeutung des Werkzeugs Mensch. Läge der Sinn des Lebens im rein Geistigen, hätte uns die Evolution nicht mit unserem Körper verbunden. Alles hat seinen Zweck. Und die innere Flamme sagt uns, welche Mittel wir dafür gebrauchen können. Wir müssen nur tief in unser Innerstes schauen.

Der Körper ist wichtig. Aber nur mittelbar. Als schützende Hülle und ausführendes Werkzeug. Nähern wir uns nun den inneren satanischen Schichten – betrachten wir den Geist und die Psyche.

Für den Geist

Wenn wir den Körper als die schützende Hülle unseres Körpers bezeichnet haben, können wir den Geist als das Brennmaterial betrachten, welches das Feuer am Leben erhält. Daraus wird klar, ohne Geist, kein Feuer, kein Leben. In einem hirntoten Körper ist die Flamme erloschen. Das verpflichtet uns, stets ‚geistreich‘ zu sein, damit das Feuer in uns immer hell lodern kann.

Was bedeutet das konkret? Unser Geist hat zwei Aufgaben. Zum einen müssen wir bemüht sein, das Reich der Ideen konsequent zu erweitern, damit unser Körper sinnvoll zum Einsatz kommt. Es geht um Wissen, Bildung und kognitive Fertigkeiten – sowohl was die direkte Tätigkeit des Körpers betrifft, als auch den eher mittelbaren Zusammenhang zwischen Körper und Geist.

Wenn das regelmäßige Lauftraining zur Pflege meiner satanischen Flamme dazugehört; dann will ich alles über das Laufen wissen – Trainingsmethodik, Lauftechnik, Intensitäten,

Distanzen, Trainingseffekte und Wohlfühleffekte. Es geht mir nicht um Spitzensport und Wettkampfergebnisse, dennoch will ich alles über ein Thema wissen, das so eng mit meinem Körper verbunden ist, damit ich für mich eine persönliche Konfiguration erstellen und somit meine Flamme umso heller erstrahlen lassen kann. Ich habe sogar eine entsprechende Trainerlizenz erworben, um mich bis an die Grenzen des Wissbaren zu informieren. Ähnlich bin ich mit Yoga, körperlichen Techniken zur Meditation, Gymnastik, Ernährung und Körperpflege vorgegangen. Etwas körperlich zu tun, hat für mich immer mit Wissen zu tun. Besonders, wenn es um die Pflege der satanischen Flamme geht.

Die zweite Facette des Wissens steht nur in einem mittelbaren Zusammenhang mit dem Körper. Es ist die Neugier, das Bedürfnis, über etwas, das einen interessiert, gut informiert zu sein. Treffe ich beruflich, wissenschaftlich oder privat auf ein Thema, das mich beschäftigt oder beschäftigen wird, lege ich mir ein umfangreiches Wissen hierüber zu. Das beginnt oft in einer Online-Recherche, zentrales Element sind dann aber doch Bücher und eine praktische Anwendung (hier ist der Körper oft wieder im Spiel). Lerne ich etwa ein Instrument, will ich alles über

Musiktheorie, die Geschichte dieses Instrumentes und die verschiedenen Techniken und Ausführungen wissen. Lerne ich eine neue Sprache, informiere ich mich über den kulturellen wie intellektuellen Hintergrund, lese Klassiker der Landessprache und verfolge die regionalen Nachrichten. Interessiere ich mich für die Geschichte des Buches, kenne ich alle Standardveröffentlichungen für Bibliophile.

Etwas körperlich wie geistig zu tun, setzt immer eine Horizonterweiterung voraus. Nichts tut man einfach so, denn das mindert die Flamme. Wenn ich eine bestimmte Musik höre, nur weil sie andere auch hören, ich ein Auslandssemester einlege, nur weil es andere auch tun, dann mach ich all das nicht richtig. Sondern nur so. Ich bin dabei nicht achtsam, nicht zentriert und missachte die satanische Flamme. All das kann man zwar dennoch tun, aber es verspricht ein belangloses Leben. Wir Jünger des satanischen Feuers wissen jedoch unsere Lebenszeit zu schätzen und nutzen sie zur eigenen Vervollkommnung und Zufriedenheit. Und aus dieser Symbiose aus Tun und Wissen folgt die zweite große Aufgabe des satanischen Geistes – die logische Strukturierung der eigenen Gedanken und Argumente.

Unser Geist ist nicht nur ein gigantischer Wissensschwamm, der unendlich viel in sich aufnehmen kann, er ist zugleich die große immaterielle Maschine, die alles, was wir wissen und was wir wahrnehmen können, strukturiert und in eine logische Folge bringt. Eigentlich naheliegend. Und doch gibt es so viel Behauptung, Meinung und Unsinn auf dieser Welt, dass man meinen könnte, bei den meisten Menschen ist diese Strukturmaschine kaputt. Und in einem übertragenen Sinne ist sie dies auch. Denn zum einen wissen die Menschen über die Dinge, über die sie reden, oft nicht genug, und zum anderen sind sie nicht gewohnt, stringent zu argumentieren und logische Argumentationslücken in den Aussagen der anderen zu identifizieren. Das macht die Menschen nicht nur zunehmend manipulierbar, es lässt auf jeden Fall ihre innere Flamme versiegen. Und dann sind sie nicht viel mehr als Schall und Rauch – überheblich, substanzlos, polemisch, großspurig, ungebildet, unzuverlässig und innerlich schwach. Der absolute Gegenentwurf zum satanischen Menschen.

Das Prinzip Satan verlangt von uns, dass wir körperlich und geistig stark sind. Das eine schützt die Flamme, das andere nährt sie. Nun müssen wir uns mit dem zentralen Nutznießer dieses infernalischen Feuers in uns beschäftigen: der Psyche.

Für die Psyche

Mit der Psyche – nicht eigentlich der Seele – nähern wir uns der Wurzel des satanischen Prinzips der inneren Flamme. Die Psyche zieht alle Kraft aus der satanischen Flamme und ist zugleich deren Ursache. Mit der Macht des Unbewussten geraten wir direkt in Kontakt mit dem Mysterium, das manche Satan nennen – das wir als die Flamme in uns bezeichnet haben. Die Psyche steht nicht in direktem Kontakt zur Außenwelt und Wirklichkeit, sie ist auch nicht logischen Vernunftschlüssen unterworfen. Die Psyche ist das Reich des Unbewussten, Unterbewussten und zugleich deren Inhalt. Dieses Reich ist dunkel und unendlich. Es kann nur durch die satanische Flamme erhellt werden. Dann jedoch wird es zu einem strahlenden Kosmos voller Energie, Emotionen und Willenskraft. Wenn Körper und Geist die Flamme bewahren, sehen wir nun, wie die Psyche einen Nutzen aus diesem Feuer zieht.

Unsere Psyche ist nicht nur das Reich unserer Emotionen, sondern zugleich der Generator unseres Willens. Je mehr Energie wir über die Psyche aus der satanischen Flamme ziehen können, umso stringenter richtet sich unser Willen an dem aus, was wir wollen. Der letzte Satz klingt tautologisch. Aber wie viele Menschen gibt es, die sich ziellos durch das Leben treiben lassen oder sich dem Willen anderer unterordnen?

Wären wir nur Körper und Geist, wäre die satanische Flamme für uns bedeutungslos. Allerdings gäbe es dann auch keine Antwort auf die Frage nach dem individuellen Sinn des Lebens. Erst die Psyche lässt uns als Individuum in Erscheinung treten. Und ist die Psyche stark, sind wir stark. Ist die Psyche schwach, sind andere stark. Wie wird unsere Psyche stark? – Indem sie sich fortwährend an der satanischen Flamme nährt. Daher müssen wir auf Körper und Geist achten, da diese die Flamme beschützen und lodernd werden lassen. Wie jedoch nährt sich die Psyche an der Flamme?

Die Antwort ist simpel und komplex zugleich – durch fokussierte Kontemplation. In beinah allen Weltreligionen gibt es den Bereich der Meditation und der Kontemplation. In der religiösen Praxis wird diese Form der inneren Fokussierung jedoch oft missbraucht, um dem Alltag zu entfliehen oder den Alltag zu negieren. Versenkung in einen Gott oder in das Nirwana – nichts könnte die Psyche weiter von der inneren Flamme entfernen. Und dies geschieht absichtlich. Denn innerlich fokussierte Menschen brauchen keine Religion. Sie ziehen ihre Kraft, Zielstrebigkeit und Stärke nämlich aus sich selbst heraus. Um unsere Psyche zu stärken, müssen wir also meditieren wie ein Mönch, jedoch ohne unser Selbst zu verlassen oder zu verleugnen. Im Gegenteil unsere Aufgabe wird es sein, sich immer tief in uns selbst zu versenken.

Es gibt unzählige Meditationstechniken. Jeder muss sich seine eigene wählen, wobei immer zu bedenken ist, dass diese Techniken ursprünglich die falsche Ziele anvisierten. Seid also nicht zu leichtgläubig in der meditativen Praxis. Denkt immer daran, wie gelingt es mir am intensivsten zu meiner inneren Flamme zu gelangen? Daraus folgt, dass jeder seine ganz eigene Mediation entwickeln muss. Dennoch ist es sehr hilfreich zu schauen, wie es andere Meditationsmeister vor uns gemacht haben. Von deren Techniken können wir profitieren; ihre Ziele teilen wir jedoch nicht. Wie also lasse ich meine Psyche an der satanische Flamme teilhaben?

Die beiden Grundprinzipien heißen auch hier: Ruhe und Regelmäßigkeit, wobei die Stille der Redundanz vorzuziehen ist. Wer in der Hektik des Alltags Schwierigkeiten hat, regelmäßig und zur gleichen Zeit zu meditieren, sollte sich die vorhandenen ruhigen Momente – und seien sie auch noch so sporadisch –

wählen, um die Psyche zu stärken. Es macht keinen Sinn, noch eine Stunde früher aufzustehen, nur um Ruhe zur Meditation zu haben, wenn ich dabei immer wieder einschlafe oder mich gar nicht konzentrieren kann. Im Gegensatz zur religiösen Meditation, die ein echtes mentales Training ist, reicht uns eine gewisse Routine. Wir müssen unsere Psyche nicht durch Übungen trainieren; unsere Psyche stärkt sich an der inneren Flamme, sodass wir nur eine Methode entwickeln müssen, wie sich unsere Psyche an dieses kräftigende Feuer setzen kann. Also, kein Zeitdruck und kein Terminzwang – auch wenn eine gewisse praktische Regelmäßigkeit notwendig ist. Die Wiederholungszahl ist bei jedem anders. Mir reichen ein- bis dreimal in der Woche.

Ich habe keine feste Körperposition oder –haltung. Manchmal sitze ich – aufrecht aber entspannt auf einem Stuhl – manchmal liege ich. Das Ziel ist es, die Psyche an die innere Flamme zu führen. Dafür atme ich mit geschlossenen Augen langsam ein und aus. Ich versuche an nichts weiter zu denken; ich zähle lediglich langsam bis zehn. Danach öffne ich meine inneren Augen und sehe mich oben in einem alten großen Wehrturm. Ich kann sonnentrockenes Holz riechen. Staub tanzt im Lichtschein der einfallenden Sonnenstrahlen. Und wenn ich über die Wehrbrüstung schaue, kann ich eine hügelige und bewaldete Landschaft erkennen. Ich versuche dabei langsam weiter zu atmen. Wenn ich spüre, dass mein Körper eine Schwere erreicht hat, die es schwer macht, auch nur ein Glied zu bewegen, gehe ich in Gedanken ganz langsam auf einer steinernen Wendeltreppe den Wehrturm hinab. Dabei zähle ich bis sieben. Im Turm ist es dunkel und feucht. Nur durch die kleinen Schießscharten dringt Sonnenlicht ein. Mit der sieben stehe ich unten an der Tür und gehe unter einem Baldachin hinaus. Ich kann die Kieselsteine unter meinen Sohlen knirschen hören, und ich spüre die Wärme der Sonne auf meiner Haut. Langsam schreite ich über eine grüne Wiese, bleibe dabei aber immer auf dem Kieselpfad. Ich gehe an einer großen Birke vorbei, deren tentakelartige Zweige rhythmisch im Wind wehen. Neben der Birke steht ein großer Stein im Gras. Dann schreite ich langsam über eine hölzerne, leicht gebogene Brücke bis ich eine grüne Wiese an einem kleinen See erreiche. Hier gehe ich barfuß direkt durch das Gras. Von weitem kann ich das leise Rauschen der kleinen Wellen auf dem See hören. Vögel zwitschern. Mitten auf der Wiese ist eine Picknickdecke ausgebreitet. Auf dieser Decke hockt eine schwarze Figur im Schneidersitz. Die dunkle Haut glänzt wie Latex. Die Augen der Figur sind regenbogenfarben.

Und auch wenn diese Figur keine Hörner trägt, weiß ich, dass es der Teufel ist. Ich setze mich langsam dieser Figur gegenüber auf die Decke. Sowie ich das getan habe, legt der Teufel mir seine Hände auf die Schultern und beugt sich zu mir. Ich kann immer tiefer in die Regenbogenaugen sehen und schließe langsam, auch in meiner Fantasie, meine inneren Augen. Jetzt nehme ich nur noch vage ein diffuses Lichterspiel wahr und spüre eine milde Wärme von der Mitte meines Körpers aus durch meine Gliedmaßen strömen. Meine Psyche hat an der inneren Flamme platzgenommen. Jetzt kann ich Energie tanken und mich regenerieren und, in einem zweiten Schritt, fokussieren.

Die Regeneration, das Stärken der Psyche ist ein Prozess, der sich nicht gut beschreiben lässt. Es gibt keine Bilder, keine Suggestionen. Es ist einfach ein Wärmestrom, der durch den gesamten Körper flutet und spürbar neue Energien – körperlich, geistig und eben psychisch – wahrnehmen lässt. Hier muss jeder für sich probieren, wie er diesen Zustand erreicht, und was dieser Zustand an Emotionen und Energien verursacht. Wenn der richtige Moment, die richtige Methode gekommen ist, weiß man es. Und genauso intuitiv, wie man sich in das stärkende Element der Flamme einfühlen muss, merkt man, dass die Phase der Regeneration vorbei ist und man sich der Fokussierung seiner Ziele widmen kann. Dabei ist es natürlich notwendig, sich die entsprechende Fragestellung, das zu formulierende Ziel oder die Problemlage im Vorfeld zu überlegen. An der Flamme selbst herrscht das Unterbewusste – alle Rationalität dämmert im Hintergrund. Hier kann man nicht mehr nach Gründen und Fragen suchen. Sie müssen gewissermaßen schon bereit liegen. Man nimmt sie sich nur noch vor. Und dann passiert etwas Unbeschreibliches. Es folgt keine rationale Argumentation und auch kein innerer Mono- oder Dialog, sondern es beginnt ein heftiges Kaleidoskop von Bildern, Sequenzen und Satzfragmenten, die wild durcheinanderwirbeln. Alles taumelt, alles dreht sich. Der Zustand scheint chaotischer zu werden und die Lösung des gesuchten Problems immer weiter entfernt zu liegen. Aber das ist nur die Art, wie das Unterbewusste zum Ziel findet. Plötzlich, wie aus dem Nichts, steht die Lösung da. Klar und deutlich. Alles fühlt sich richtig an, keine Kompromisse, kein ja aber. Das ist der Moment höchster innerer Zufriedenheit. Genieße diesen Augenblick und dann danke der inneren satanische Flamme. Spätestens in diesem Moment wird dir klar, wie wichtig all die Facetten sind, die ich dir über den Körper und den Geist aufgezählt habe. Die Flamme wird zum unverzichtbaren Teil deines Lebens.

Es ist Zeit, wieder aus der Versenkung aufzutauchen. Ich öffne meine inneren Augen und schaue der Figur mit den Regenbogenaugen noch einmal ins Gesicht. Manchmal flüstert sie mir noch etwas ins Ohr, was ich nicht sagen kann. Dann stoße ich mich sanft vom Grasboden ab und schwebe langsam in den Himmel, bis ich spüre, wo ich mit meinem Körper wirklich bin. Ich zähle langsam rückwärts von fünf bis eins, und öffne schließlich meine Augen. Ich fühle mich gestärkt und erholt, obwohl manchmal nur zwanzig Minuten vergangen sind. Ich lasse meinem Körper noch ein paar Minuten Zeit – oft braucht der Kreislauf etwas, bis er wieder im Normalgeschehen arbeiten kann – bevor ich mich erhebe und meinen Tag weiterlebe.

Wer je so eine Versenkung erlebt hat, wird danach ein anderer Mensch sein. Also danken wir der satanischen Flamme in uns.

Vom Umgang mit anderen

Bis hierhin haben wir das Natürlichste von der Welt getan. Wir haben uns nur um uns selbst gekümmert. Dies wird in unserer Kultur und Gesellschaftsform merkwürdig negativ konnotiert. Zwar leben viele – auf eine simple und völlig unsatanische Art und Weise – eine Form des Egoismus; niemand traut sich jedoch, sein Verhalten also positiv egoistisch zu bezeichnen. Diese Differenz zwischen moralischem Anspruch und asozialer Selbstsucht, die in so vielen Mitmenschen für noch mehr Elend in unserer Gesellschaft sorgt – weil man den eigenen Widerspruch durch das Bloßstellen anderer übertünchen will – hat einen Namen: Bigotterie.

Es ist Bigotterie im Quadrat, wenn Menschen andere mit dem Vorwurf des Egoismus geißeln wollen, weil diese stolz und überzeugt äußern, dass sie ihr eigenes Leben für wichtiger halten als das Leben aller anderen, und selbst gleichzeitig eine ungerechtfertigte Bevorteilung einfordern und dabei auf die Gleichheit aller verweisen. Diese Bigotterie finden wir in allen Gesellschaftsschichten. Die Oberschicht geißelt die Mittelschicht, weil sie unbewusst fühlt, dass sie etwas haben, das ihnen eigentlich nicht zusteht – Wohlstand ohne eigene Leistung. Die

Mittelschicht geißelt die Oberschicht aus Neid und die Unterschicht aus Furcht, durch das eigene Versagen wieder hinab zu rutschen. Und die Unterschicht geißelt alles, was noch tiefer und ärmer daherkommt und bricht in Wehklagen aus, dass die ganz Unteren ihnen die Arbeitsplätze wegnähmen, die sie selbst niemals annehmen würden wollen. Egal in welcher Gesellschaftsschicht du dich gerade befinden solltest – wer die Flamme in sich spürt, wird niemals so sein wie sie.

Gleiches Recht für alle, heißt es da nämlich nur all zu oft. Und dabei zeigen sie nur, dass sie nichts verstanden haben. Denn gemeint ist nicht, dass allen das Gleiche zusteht, sondern dass vor dem Recht alle gleich sind. Es gelten die gleichen Rahmenbedingen, nicht die gleichen Erfolgsaussichten. Schuld sind niemals die anderen, sondern immer nur man selbst. Und aus diesem Selbstverständnis heraus, stets Herr der eigenen Lage zu sein – im Guten wie im Schlechten – resultiert der Umgang mit anderen nach dem satanischen Prinzip.

Es ist klar, es gibt keine Gleichheit unter den Menschen. Und wenn eine Gesellschaft das behauptet, dann stimmt etwas mit der Gesellschaft nicht. Ist es dann meine Aufgabe, die Gesellschaft aufzuklären und die notwendigen Differenzierungen zu offenbaren? Ganz sicher nicht. Viele haben das schon vor mir versucht – besonders lesens- und schätzenswert Ayn Rand – doch nie hat es nachhaltig gewirkt. Das Postulat der Ungleichheit legt die Verantwortung so sehr auf das Individuum, dass die meisten Menschen zunächst ihre eigene Schwäche und Ziellosigkeit erkennen müssten, um überhaupt unter diesen Bedingungen widerspruchsfrei leben zu können. Nein, es ist vergeblich aufklären zu wollen. Der Umgang mit anderen ist keine Mission, sondern eine sozialethische Verhaltensweise. Wie also gehe ich mit anderen Menschen um?

Ganz sicher nicht nach dem aufklärerischen Diktum, dass jede meiner Handlungen zur objektiven Norm aller werden könnte. Das soziokulturelle Handeln, also der Umgang mit anderen, wird nach dem satanischen Prinzip immer aus der Logik und der Zielsetzung der eigenen Interessenlage her bestimmt. Habe ich mich bei meinen psychischen Meditationen entschieden, ein bestimmtes Ziel zu erreichen, überlege ich mir Kraft meines Geistes eine entsprechende Umsetzungsstrategie. Diese beinhaltet fast immer die Einbeziehung anderer als Mittel zum Zweck. Was auf den ersten Blick klingt, als würde man die Mitmenschen nur für seine Zwecke ausbeuten, relativiert sich, wenn einem klar wird, dass auch man selbst ein Mittel für die Zwecke anderer ist und unter den richtigen Voraussetzungen bereitwillig zur Verfügung steht. Nur für die Ziellosen und Alle-sind-gleich-Menschen besteht das Problem der einseitigen Ausbeutung. Aber das ist, wie gesagt, nicht unser Problem.

Meine Mitmenschen haben also für mich einen individuellen Wert, der sich nicht verobjektivieren lässt. Der Wert besteht nur in Relation zu mir und meinen Zielsetzungen. Er ist also auch variabel. Habe ich mein Ziel erreicht, mindert sich der Wert. Mein Umgang mit anderen wird durch eben jene Wertschwankungen definiert. Das heißt natürlich nicht, dass ich Menschen, die für mich aktuell keinen Wert haben, unmenschlich behandle. Unmenschlich im Sinne von diffamierend, beleidigend, erniedrigend, misshandelnd, verletzend und brutal. Zwischen dem Umgang nach Wert und einer grundlegenden Menschlichkeit gibt es keine direkten Zusammenhänge. Ich weiß, dass jeder Mensch in sich einen Hort hat, an dem die satanische Flamme brennen kann. Also achte ich jeden Menschen als potentielle Verkörperung des satanischen Prinzips. Zudem kann ich nicht ausschließen, dass jeder mir bislang beliebige Mensch mir irgendwann einmal von individuellem Wert sein könnte.

Der grundsätzliche Umgang mit anderen wird also zunächst einmal durch Vorurteilslosigkeit und Gerechtigkeit (potentieller Wert) bestimmt. Das ist schwerer als es klingt. Denn was heißt das im Alltag?

Vorurteilslosigkeit heißt, jeden als Individuum zu behandeln. Weder das Geschlecht, die Herkunft, der Dialekt, das Alter, der Bildungsgrad noch das äußere Erscheinungsbild darf meinen Umgang mit jedem Menschen negativ beeinflussen. Eine positive Beeinflussung findet dann durch den individuellen Wert statt. Aber da sind wir noch nicht. Erstmal geht es um die Grundlagen.

Vorurteilslos zu handeln und mit anderen umzugehen, ist gerade in unserer Welt, deren Gesellschaftssystem auf Vorurteilen aufbaut, extrem schwierig. Wie oft hören wir scheinbar neutrale Nachrichten und lassen uns durch sie in unserem Meinungsbild beeinflussen. Wenn der Präsident eines Landes als Machthaber bezeichnet wird, ist diese Person sofort negativ konnotiert. Wir sind gegen den Präsidenten gestimmt und bedauern sein Volk, obwohl wir von beiden keine tatsächliche Ahnung haben. Begegnen wir dann einem Bürger dieses Landes, wollen wir dem angenommenen Leid Tribut zollen und sind dann oft genug überrascht, dass dieser Einwohner seines Landes ein Patriot ist. Und das ist nur ein Beispiel. Vieles ließe sich noch anführen. Der Großteil aller Posts in den sozialen Medien ist zum Beispiel vorurteilsbehaftet – nicht immer abwertend; aber eben doch wertend. Warum? Zum einen weil wir leicht beeinflussbar sind, gerade in Dingen, von denen wir nicht so recht eine Ahnung haben, und zum anderen, jedoch mit dem ersten verbunden, arbeiten die Algorithmen der entsprechenden Plattformen nach genau den Mustern. Soziale Medien sind Echokammern der Vorurteile.

Da die sozialen Medien aber auch ein Mittel für unsere Zwecke sein können, ist eine Abstinenz für die meisten von uns nicht sinnvoll. Wir sollten uns jedoch vor dem Verfassen eigener Statements, Posts und Kommentare hüten. So handeln Satanisten nicht – nicht einmal, wenn sie es gut meinen.

Vorurteilslos zu sein, bedeutet aber auch, jede gesellschaftliche Quotenregelung, jedes politische Legislaturprinzip und jedes starre Bildungssystem in Frage zu stellen. Es bedeutet gendergerechte Sprache zu ignorieren; Menschen, die gendergerecht sprechen und schreiben jedoch nicht.

Geht einmal achtsam durch euren Alltag und haltet für euch fest, wie oft ihr Kommunikation oder andere Situationen mit Vorurteilen beginnt. Ihr wäret erstaunt und erschrocken. Um dies alles zu vermeiden vorurteilsfrei zu sein, braucht es viel Aufmerksamkeit und Übung. Denn am Ende soll es kein Zwang sein, sondern eine notwendige Direktive soziokulturellen Handelns.

Sinn dieser Übungen in Vorurteilslosigkeit ist die Fähigkeit zu erlernen, in jedem Menschen ein nützliches Wertpotential zu sehen. Denn wenn wir vorurteilsbehaftet durch die Gesellschaft gehen, schließen wir von vorn herein viele Möglichkeiten aus.

Dies bedeutet jedoch nicht, aktiv da hin zu gehen, wo einem die Gesellschaft eigentlich nicht gefällt. Wie gesagt, es ist sinnlos zu missionieren. Auch ohne Vorurteile werden wir viele Menschen nicht leiden oder nicht gebrauchen können. Und es besteht kein Grund, entgegenkommend und freundlich zu ihnen sein. Es geht lediglich darum, all diese Menschen nicht aktiv zu diskriminieren und zu schädigen. Das tun sie in der Regel selbst.

Neben der Vorurteilslosigkeit habe ich Gerechtigkeit – als die Fähigkeit potentieller Wertschätzung – genannt. Die Vorurteilslosigkeit hält uns offen für neue Kontakte. Die Gerechtigkeit gibt den anderen die Möglichkeit, uns als Wert zu erscheinen. Das bedeutet, Kommunikation stets offen zu beginnen. Das schließt eine Beendigung jeglichen Kontaktes stets mit ein. Jemanden eine Chance geben, heißt nicht, ewig darauf zu warten. Die Flamme in uns wird relativ schnell signalisieren, wenn diese Person für uns nichts taugt. Und dann ist es gut. Ich wende mich ab und ignoriere die Person zukünftig.

Also besteht unser Umgang mit anderen aus neutralen und vorurteilslosen Erstkontakten, Ignorieren und Wertschätzen.

Wie soziale Wertschätzung funktioniert, ist immer von der eigenen Veranlagung abhängig. Manche gehen aktiv auf die wertgeschätzte Person zu und drücke diese Wertschätzung klar und offen aus; andere sind da zurückhaltender und zeigen ihre Wertschätzung mehr durch Taten und stiller Vertrauensbildung. Hier muss jeder seinen Weg finden. Das heißt eben auch, sich selbst zu kennen. Schärfe dazu Deinen Geist und befrage hin und wieder die Flamme in dir. Sie wird dir stets das Richtige offenbaren, und dein Geist wird die notwendigen Verhaltensmechanismen in Gang setzen.

Aber eines darfst du nicht vergessen: Wertschätzung ist immer zielgerichtet; sie hat eine Zielsetzung und einen Grund. Wertschätzung um ihrer selbst willen ist entweder Heuchelei oder Energieverschwendung. Menschen, mit denen wir einer Meinung sind, von denen wir aber nichts wollen, brauchen wir nicht aktiv wertzuschätzen. Man versteht sich auch so. Aber wenn man ehrlich ist, wird man feststellen, dass es solche Menschen, die quasi über jeder Wertschätzung stehen, für einen nur ganz wenige gibt. Mehr als drei wirklich gute Freunde fallen mir etwa nicht ein.

Die Wertschätzung, von der hier die Rede ist, betrifft eher die utilitaristischen Bekanntschaften und Freundschaften; gesellschaftlich irgendwo angeordnet zwischen den zu Ignorierenden und den guten Freunden. Worauf ich hinaus will, ist, alle diese Personen sind Chancen. Überlasse nicht dem Zufall, ob dir eine dieser Personen hilfreich sein kann. Regele es selbst.

Dies bedeutet jedoch, dass man sich über die eigenen Ziele im Klaren ist – nicht nur als Vision oder Idee aus den Meditationen an der Flamme, sondern ausgedacht und strukturiert durch unseren Geist. Ziele setzen und Umsetzungswege strukturieren sind der Sinn des satanischen Lebens. Ohne Ziele brauchen wir die Flamme nicht. Ohne die Flamme fällt es uns schwer, sinnvolle Ziele zu setzen.

Vom Umgang mit dem Leben

Es gibt zwei Möglichkeiten sein Leben zu leben. Tag für Tag den äußeren Gegebenheiten unterworfen oder Schritt für Schritt auf seine selbstgesetzten Ziele zu. Wer vor der satanischen Flamme meditiert, weiß, dass dies der Sinn des Lebens ist – Ziele setzen und erreichen. Die Dinge selbst bestimmen und sich nicht bestimmen lassen. Aktiv statt reaktiv.

Wer sich Ziele setzt, steht dem Leben positiv gegenüber. Ein Leben ohne Ziele ist dagegen nur ein ewiger Kreislauf, der im Nirgendwo oder im Überall endet. Ohne Ziele macht es gar keinen Sinn, Wissen und Erfahrungen zu akkumulieren. Als Satanist der inneren Flamme strebe ich stets nach Zielen und erfreue mich zudem an der Anreicherung meines Wissens und meinen Fähigkeiten. Ich spüre das Leben bis in meine letzte Faser.

Allerdings braucht es die Kraft eines trainierten Geistes und die Energie der inneren Flamme, um zu erkennen, welche Möglichkeiten ich habe und welche Ziele für mich überhaupt realistisch sind. Wie viele träumen davon, sehr reich oder sehr berühmt zu sein, ohne eine klare Vorstellung zu haben, wie

Reichtum und Berühmtheit mit den eigenen Möglichkeiten in Übereinstimmung gebracht werden können?

Wenn ich überhaupt nicht musikalisch bin, kann ich kein Rockstar werden. – Es wäre natürlich trotzdem möglich, aber doch so unwahrscheinlich, dass es keinen Sinn macht, Energie auf diese geringe Chance zu verwenden. Wenn ich nicht gern lese und schlecht schreibe, kann ich kein Autor werden. Wenn ich unter Lampenfieber leide, kann ich kein Schauspieler werden. Wenn ich Schwierigkeiten mit Zahlen habe, werde ich wohl kaum an die Börse gehen können.

Im Grunde genommen ist reich oder berühmt auch kein echtes Ziel, sondern eher ein Nebeneffekt eines tatsächlichen Zieles. Wenn ich Talent und Freude am Spielen eines Instrumentes habe, wäre ein echtes Ziel, bestimmte Techniken, Stücke und virtuose Fertigkeiten auf meinem Instrument spielen und erlangen zu können. Sollte dabei herauskommen, dass ich mit dem Spielen meines Instruments sogar Geld verdienen, vielleicht sogar wohlhabend werden kann, umso besser. Aber das Ziel liegt im Spielen des Instruments.

Also steht am Beginn jeglicher Zielsetzung (und bevor ich mich an die innere Flamme setze) die Frage nach den eigenen Talenten und intrinsischen Motivationen. Hierfür brauchen wir einen sinnvollen Umgang mit der Vergangenheit, Gegenwart und Zukunft.

Vergangenheit

Wenn im Folgenden von den Zeitformen die Rede ist, meine ich natürlich meine Vergangenheit, meine Gegenwart und meine Zukunft – und nicht die Geschichte der Gesellschaft, der Kulturen, der Menschheit oder des Universums. Wieso sollte ich mich also fokussiert mit meiner Vergangenheit befassen?

Der regelmäßige Blick zurück auf die eigenen Taten, Erlebnisse, Erfolge wie Niederlagen bis hinab zu den ersten Kindheitserinnerungen – ich erinnere mich segmenthaft an Situationen, die ich mit zwei Jahren erlebt haben muss – lässt uns unsere sozialen Eigenschafen erkennen und die Rahmenbedingungen unserer Zielsetzungen bestimmen. Ich muss wissen, wie ich zu dem geworden bin, der ich jetzt bin, um zu ahnen, wer ich in Zukunft sein werde beziehungsweise sein kann.

Darüber hinaus ist meine Vergangenheit der Speicher aller strategischen wie inhaltlichen Fehler, die ich begangen habe, und die ich in Zukunft nicht mehr machen sollte. Andernfalls bin ich dumm. Dabei müssen wir die Gelassenheit eines Stoikers besitzen, um uns über die eigenen Fehler im Nachhinein nicht zu sehr zu ärgern. Wir können es nicht mehr ändern, sondern nur noch daraus lernen. Deshalb sind auch diese Fehler wertvoll. Vielleicht sogar wertvoller als all unsere Erfolge.

Also kenne Deine Vergangenheit – und zwar nicht nur so irgendwie im Rahmen von Gesprächen oder in Form eines tabellarischen Lebenslaufs. Nein, ausführlich wie ein Buch. Mache es dir zur Gewohnheit, regelmäßig – nicht unbedingt täglich, aber doch mindestens einmal in der Woche – deine Lebensgeschichte aufzuschreiben. Nur für dich. Es braucht keinen Spannungsbogen und keine geschönten Ereignisse. Es kann Wiederholungen geben und Sprünge, die bei einer echten Lektüre den roten Faden vermissen lassen. Es soll ein Spiegel deines Lebens sein. Erbarmungslos ehrlich, ungeschönt und voll wunderbarer Ansätze, aus denen dann neue Ziele gewonnen werden können. Diesen Text darfst du niemals veröffentlichen. Er ist allein dein Gedächtnispalast, deine Summe aller ungeschriebenen Tagebücher der Vergangenheit. Mach dich auf den Weg zu einer unglaublichen und faszinierenden Reise. Du wirst zum ersten Mal in deinem Leben, dich selbst erkennen.

Damit die Struktur deiner Erinnerungen für dich klar bleibt, schreibe keinen endlosen Text, sondern gliedere deine Erinnerungen in sinnvolle Kapitel, an denen du dann immer wieder weiterschreiben kannst. Oft genug wirst du dich dann beim Lesen deiner Worte an Weiteres erinnern, an das du schon ewig nicht mehr gedacht hast, dass dir aber doch – jetzt wo du dich wieder daran erinnern kannst – wichtig war und wahrscheinlich auch noch ist.

Wie du die Kapitel einteilst, liegt bei dir selbst. Ich habe die Zeit vor dem Kindergarten, der Kindergarten, die erste Klasse, die Klassen zwei und drei, die vierte bis siebente Klasse, die Klassen acht bis zehn, dann die Sekundarstufe zwei, nach dem Abitur, Militärzeit, das Grundstudium, das Hauptstudium usw.

Betrachte diese Vita nie als abgeschlossen, selbst wenn du in allen Kapitel bereits etwas geschrieben hast. Es wird immer etwas hinzukommen. Dein Leben wird sich vor deinen Augen immer weiter ausdehnen, facettenreicher werden und in der Stimmungslage wie in der Priorisierung einzelner Fakten und

Entscheidungen schwanken. Je nach dem was dir gerade durch den Kopf geht. Lasse all das zu und schreib es auf. Auch wenn du verschiedene Meinungen zu einem Erlebnis hast.

Es ist dabei nicht notwendig, dass du präzise nach Fakten recherchieren musst, wenn sie für dich nicht unbedingt notwendig sind. Ich habe schon mehrfach versucht, mich an alle Namen meiner Kindergartengruppe zu erinnern, bin aber immer an der Vollständigkeit gescheitert. Manchmal sind mir nur noch vage Gesichter in Erinnerung, manchmal eine kurze Lebenssequenz. Doch für mich ist die Vollständigkeit der Namen (bislang) nicht notwendig gewesen. Ich war eher überrascht, an wie viele Namen ich mich dann doch noch erinnern konnte.

Und wenn du dann 50, 60 oder gar 100 Seiten pro Jahr an deiner Lebensgeschichte schreibst, hast du nach einigen Jahren nahezu alle Referenzen, die dir für deine Ziele und Pläne in Gegenwart und Zukunft von Nutzen sein können vor dir. Du kennst die Mechanismen deines Lebenslaufs, kennst deine guten wie schlechten Seiten. Nimm all das so hin und arbeite damit, wenn du dir Strategien zur Umsetzung der jetzigen Ziele ausdenkst und abarbeitest. So kannst du sicherstellen, den richtigen Rahmen für deine Wünsche gesetzt zu haben und der Erfolg wird umso reichlicher zum Tragen kommen. Zudem wird die Flamme in dir umso heller leuchten, da deine Psyche durch das Erkennen der eigenen Wirkmächtigkeit an Kraft und Stärke gewonnen haben wird.

Gegenwart

Die präzise Kenntnis der individuellen Vergangenheit, wird den Rahmen der Zukunftsziele setzen. Es ist beinah ausgeschlossen, dass du dir, mitten im Leben, Ziele setzt, die nicht mit deiner Vergangenheit sinnvoll korrespondieren und du diese Ziele auch erreichst. Sich etwas Absurdes vorzunehmen, ist zum Scheitern verurteilt, auch wenn es denkbar und theoretisch möglich wäre. So könnte ich mir etwa vornehmen, Papst zu werden, aber ich besitze weder den notwendigen katholischen Glauben, noch die notwendige liturgisch-religiöse Erfahrung, um dieses Ziel noch zu erreichen. Auch wenn man nicht sagen, dass es unmöglich ist, dass ich noch Papst werde. Das Beispiel ist absurd, aber es demonstriert, worauf es ankommt. Mit Mitte dreißig muss sich keiner mehr vornehmen, Profifußballer oder Olympiasieger im Geräteturnen zu werden. Andererseits gibt es schon Möglichkeiten, in dem Alter Geld und Anerkennung mit Sport zu verdienen. Man muss dann eben nur noch genauer auf die Sportart achten.

Und jetzt sind wir bereits am zentralen Punkt der Gegenwart angekommen – die Frage nach dem größten Wunsch oder der Erlösung von der größten Sorge.

Zunächst bedeutet das, sich nach dem Was und dem Warum einer Veränderung zu fragen. Wenn alles perfekt ist, braucht man sich keine Ziele setzen – oder bestenfalls, dass alles so bleibt wie es ist. Wer jedoch einmal an der inneren Flamme meditiert hat, weiß, dass ihn etwas antreibt und auffordert weiterzumachen, besser zu werden oder einfach neue Ziele in den Fokus zu entnehmen, um sich selbst zu vervollkommnen.

Wenn wir uns diese Fragen beantworten, müssen wir sehr darauf achten, zum einen Methode und Zielsetzung nicht zu verwechseln (Beispiel: „Mein Englisch verbessern" ist kein Ziel, sondern eine Methode. Das eigentliche Ziel dahinter könnte dann etwa sein „einen englischsprachigen Aufsatz veröffentlichen"), und zum anderen die Zielsetzung umsetzungsorientiert zu formulieren (Beispiel „gesünder leben" ist unpräzise; besser ist „auf ... verzichten und mehr ... machen"). Wichtig ist zudem, dass es keine Zielsetzungen sind, die du morgen erledigt hast. Das sind Bagatellen. Es müssen langfristige und anspruchsvolle Ziele sein, die sich aber innerhalb deines durch die Vergangenheit abgesicherten Umsetzungsrahmens befinden.

Schreibe dir all diese Zielsetzungen auf, setze einen Zeithorizont dahinter, innerhalb dessen du das Ziel umgesetzt haben willst, formuliere präzise, wie sich das Umsetzungsergebnis messbar darstellen wird und priorisiere all deine Zielsetzungen. Was hat Vorrang, was wird eher am Rande verfolgt.

Am Ende wirst du vielleicht fünf oder sieben Zielsetzungen aufgeschrieben haben. Prüfe dann, ob die einzelnen Ziele nicht indirekt voneinander abhängig sind oder auf eine andere Art zusammenhängen. Eliminiere Redundanzen (Beispiel: wenn ein Ziel ist, Amtsleiter zu werden und ein anderes mindestens eine halbe Million Euro auf dem Konto zu haben, kannst du das zweite Ziel streichen, da es sich, wenn du nicht arg verschwenderisch bist, aus dem ersten Ziel ergeben wird).

Ich denke du wirst dann bestenfalls nur noch drei Ziele auf deiner Liste haben. Bei mir sind es drei. Sie sind in Teilen immer noch miteinander verknüpft, aber doch in sich auch wieder so autark, dass ich sie separat fokussieren kann. Aber ich habe eine klare Reihenfolge, und diese verfolge ich seit mehr als zehn Jahren. Priorität eins werde ich in wenigen Monaten erreicht haben. So viel darf ich an dieser Stelle verraten.

Nimm dir diese drei Ziele und schreibe noch einmal ausführlich die Zielbedingungen und die zentralen Zwischenschritte zur Erreichung dieser Ziele auf. Prüfe regelmäßig wo du stehst und frage dich dabei immer, was du hättest besser machen können. Das sind die Aufgaben der Gegenwart.

Zukunft

Durch die Rahmensetzung aus der Vergangenheit und die Zielsetzung aus der Gegenwart werfen wir unser Schicksal in die Zukunft. Die Zukunft ist der Ort, an dem sich unsere Ziele erfüllen; unsere Lebenszeit ist lediglich der Weg dahin – und darüber hinaus.

Die Zukunft hält unendlich viele Varianten unseres Lebens vor, und es ist unsere Aufgabe, mit der Kraft der satanischen Flamme in uns, die richtige Variante zu ergreifen und unseren Weg zu gehen.

Wir können nicht in der Zukunft sein, beziehungsweise wenn wir in der Zukunft sind, ist sie bereits Gegenwart geworden. Es bleibt uns nur, zu überprüfen, ob die Verbindung von der Gegenwart in die Zukunft immer noch mit unseren Zielsetzungen übereinstimmt.

Das bedeutet nicht unbedingt, dass wir uns einen Maßnahmenplan überlegen und dieser so und nur so umgesetzt werden muss. Nur allzu oft werden wir unseren Weg zum Ziel neu kalibrieren müssen. Dennoch ist es notwendig, Ausgangspunkt, aktuellen Standpunkt und Zielsetzung immer wieder neu zu überprüfen. Dies tun wir in den Meditationen an der satanischen Flamme, wo nicht nur Rationalität und physische Präsenz unscharf werden, auch die Facetten der Zeit gleiten ineinander und wir können zuweilen zugleich im Vergangenen und im Zukünftigen präsent sein.

Das ist keine esoterische Schau. Diese Zeitunschärfe geschieht nicht wirklich – wir werden weder die Vergangenheit ändern, noch die Zukunft vorab beeinflussen können – sondern mit unserer Psyche erschaffen wir eine Scheinwelt, die der Vergangenheit oder der Zukunft gleicht. Es ist eine transzendentale Simulation, wenn man so will.

Diese regelmäßigen Reisen in uns selbst und in die Zeitschienen unseres Lebens dienen dazu, die Möglichkeiten der äußeren Welt positiv für uns zu beeinflussen. Die Dinge geschehen, aber wir sind nicht immer achtsam genug, Chance zu erkennen, Lücken zu entdecken und Potentiale wahrzunehmen. Unsere Meditationen helfen uns, dafür sensibler zu sein.

Das Ende ist erst der Anfang

Die Grundparameter eines erfüllten und erfüllenden Lebens nach dem satanischen Prinzip sind offenbart. Erkenne stets dich selbst, indem du deinen Körper auf die anstehenden Aufgaben vorbereitest, deinen Geist so umfassend wie möglich schulst und deine Psyche Kraft und Offenbarung an der satanischen Flamme in dir empfangen lässt. Alles Weitere wird dir das Universum offenbaren; ganz individuell.

Gilt diese kleine satanische Ethik und Lebensphilosophie für jeden? – Ganz gewiss nicht. Selbst wenn wir die Bezeichnung satanisch für die innere Energie aussparen würden. Viele Menschen wollen sich nicht selbst erkennen, wollen sich keine Ziele setzen, die Kraft und Anstrengung erfordern, und wollen keine eigene Meinung, keine eigenen Positionen haben. Auf diese Menschen brauche ich, brauchst du lieber Leser, keine Rücksicht nehmen. Denn wer dieses Buch in Händen hält, hat ohnehin schon einen ersten, wenn auch unbewussten Kontakt zu seiner inneren Flamme aufgenommen.

Ich habe auf den vergangenen Seiten gezeigt, wie ich es mache. Es liegt in der Logik des Systems, dass es kein Patentrezept ist, sondern in erster Linie eine Empfehlungsstruktur. Lasse dich inspirieren und mache dich auf deinen eigenen Weg. Sei ein guter Mensch, sei ein satanischer Mensch.

Das satanische Prinzip der inneren Flamme ist keine Religion, keine Esoterik und keine klassische Philosophie. Sie ist ein individuelles Handlungskonzept für unruhige Geister. Ich habe das Buch zunächst nur für mich geschrieben, um meine eigenen Gedanken, Prinzipien und Vorsätze gebündelt zur Hand zu haben und diese immer wieder studieren zu können.

Wenn dich meine Worte inspiriert haben, dann lies mein Buch gleich noch einmal durch. Mache dir dabei Anmerkungen, Anstreichungen und Kommentare. Arbeite mit meinem Buch bis es ganz deiner Natur entspricht. Auch ich werde immer wieder durch den Text gehen, einzelne Positionen weiter ausführen oder leicht modifizieren – je nachdem wie mein Lebensweg sich gestaltet. Die Grundsätze sind jedoch für mich unwandelbar. Wer einmal an der satanischen Flamme meditiert hat, wird nie wieder ohne auskommen.

Es ist egal in welcher Lebenssituation du dich gerade befindest, egal wie alt du bist, was du machst, wo du lebst – beginne sofort, die Prinzipien zu verarbeiten. Prüfe deinen Lebensalltag, prüfe dein körperliches Befinden, schärfe deinen Geist, bewerte dein Umfeld und beginne mit dem Meditieren. Es wird nicht lang dauern, und die ersten Zielsetzungen, die dich wirklich im Leben weiterbringen werden, werden dir offenbar. Und dann beginnt die große Reise deines Lebens, die du unter dem satanischen Stern tun wirst.

Wir werden uns nie im Leben begegnen. Jeder wird seinen eigenen Weg des Erfolges gehen. Aber im flackernden Licht der satanischen Flamme werden wir vereint sein und uns im stillen Raunen unserer Psychen berichten, wie wir vorankommen.

Bleib auch die verschlossen, was das satanische Prinzip angeht. Erzähle nur denjenigen davon, die es deiner Meinung nach verdient haben, und hülle dich sonst in Schweigen. Brüder und Schwestern im Geiste erkennen sich auch so.

Lasse die Kraft der satanischen Flamme in dir lodern!